RECETAS PARA
LA FAMILIA

Abreviaturas

cm = centímetros

g = gramos

G = grasas

HC = hidratos de carbono

kcal = kilocalorías

kg = kilos

kJ = kilojulios

ml = mililitros

P = proteínas

Notas

- Las temperaturas recomendadas para el horno están pensadas para un aparato eléctrico con fuentes de calor superior e inferior. Cuando trabaje con la circulación de aire activada, reduzca la temperatura en 20 ºC.
- Si no se da otra indicación, cuando en las listas de ingredientes aparece «pimienta», se trata de pimienta negra recién molida.
Por norma general, las especias deben molerse siempre justo antes de utilizarse para evitar que pierdan aroma.

Créditos fotográficos

Klaus Klaussen: págs. 47, 113.
Studio Klaus Arras: págs. 4, 6, 9, 11, 13, 19, 23, 25, 30, 34, 41, 42, 50, 52, 56, 59, 60, 63, 70, 80, 83, 115, 123.

Todas las demás fotografías: TLC Fotostudio

Ilustración: © vectormaker1 - Fotolia.com (cuchillo y tenedor)

RECETAS PARA
LA FAMILIA

ÍNDICE

PARA CADA DÍA

Sopa de pollo con yogur

Ensalada de patata con panceta

Kaiserschmarrn salado

Sopa de limón con huevo

Albóndigas de pescado a las hierbas

Crema de chirivía con salmón ahumado

Consomé con tiras de crep

Garbanzos con pollo

Curry de lentejas con cebolleta

Sopa de pollo con fideos *soba*

Calabacín crujiente con variaciones

Fritatta de pasta con beicon

Caldo al limón con parmesano

Plumas con salmón ahumado

Albóndigas con setas

Espaguetis con crema de champiñones

Pizza de pan de pita con salami picante

Pollo *tandoori*

Orecchiette al pesto de almendras

Arañas de espaguetis

Hamburguesa de luxe

Sopa de pollo
CON YOGUR

PARA 4 PERSONAS

200 g de pechuga de pollo

3 cucharadas de aceite de oliva

1 litro de caldo de pollo

125 g de arroz de grano largo

60 g de harina

500 g de yogur natural (entre
   3,5 y 3,8% de materia grasa)

2 yemas de huevo

Sal

2 cucharadas de menta seca

Lave el pollo, séquelo con un paño y córtelo en daditos de ½ cm. Caliente bien 1 cucharada de aceite en una olla y dore el pollo a fuego vivo un momento; agregue el caldo. Cuando hierva, eche el arroz. Cueza la sopa removiendo de vez en cuando.

Mezcle la harina y el yogur en una sartén, y caliéntelo, removiendo, hasta que empiece a hervir. Déjelo espesar a fuego lento sin dejar de remover. Agregue las yemas de huevo, remueva bien y viértalo en la sopa. Remueva, caliéntela bien y sazónela generosamente con sal. En este punto, es esencial que la sopa no vuelva a alcanzar el punto de ebullición, para evitar que la yema de huevo cuaje.

Caliente el resto del aceite en otra sartén y fría la menta brevemente. Sirva el aceite a la menta con la sopa.

Tiempo de preparación:
unos 30 minutos
Por ración, aprox.:
657 kcal/2751 kJ
35 g P, 38 g G, 41 g HC

Ensalada de patata
CON PANCETA

PARA 4 PERSONAS

800 g de patatas pequeñas

Sal

2 cebollas

80 g de panceta ahumada

3 cucharadas de vinagre de vino blanco

Pimienta

Sirope de arce

5 cucharadas de aceite de nuez

4 cucharadas de nueces picadas

150 g de rúcula

Lave bien las patatas frotándolas con un cepillo bajo el chorro de agua fría. Cuézalas con la piel unos 15 minutos en agua con mucha sal. Escúrralas y déjelas enfriar un poco.

Mientras tanto, pele las cebollas y córtelas primero por la mitad y luego en rodajas finas. Corte la panceta en daditos. Dore la panceta en una sartén, sin añadir grasa, y déjela escurrir en papel de cocina. En la misma sartén, sofría la cebolla hasta que esté translúcida; resérvela en un bol.

Para preparar el aliño, mezcle el vinagre con un poco de sal, pimienta y sirope de arce, añada el aceite, remueva bien y acabe de ajustar la sazón a su gusto. Vierta el aliño en el bol de la cebolla e incorpore la panceta y las nueces.

Limpie y lave la rúcula, escúrrala con la centrifugadora y mézclela con el aliño. Corte las patatas por la mitad mientras aún estén calientes, mézclelas con la rúcula y sírvalas enseguida.

Tiempo de preparación:
unos 30 minutos
Por ración, aprox.:
361 kcal/1511 kJ
11 g P, 21 g G, 32 g HC

Kaiserschmarrn salado

PARA 4 PERSONAS

Para la masa

4 huevos
Sal
Pimienta
Nuez moscada recién rallada
450 ml de leche
250 g de harina
1 pizca de levadura química
1 manojo de cebolletas
100 g de panceta ahumada en
    dados
3 cucharadas de mantequilla
    clarificada
2 cucharadas de mantequilla

Para el quark a las hierbas

250 g de quark enriquecido
2 cucharadas de leche
1 manojo de rabanitos
1 manojo de cebollino
Sal
Pimienta
Guindilla molida

Tiempo de preparación:
unos 30 minutos
Por ración, aprox.:
613 kcal/2567 kJ
28 g P, 32 g G, 52 g HC

Separe los huevos en yemas y claras. Monte las claras a punto de nieve y resérvelas en la nevera. Mezcle las yemas con sal, pimienta, nuez moscada y la leche. En otro recipiente, mezcle la harina con la levadura. Tamícela sobre la mezcla de yemas y leche, y remueva bien.

Limpie las cebolletas, lávelas y córtelas en rodajitas. Caliente 1 cucharada de mantequilla clarificada en una sartén y fría los dados de panceta. Agregue la cebolleta, sofríalo y reserve la mitad de la preparación. Mezcle la otra mitad con la pasta e incorpore las claras montadas.

Precaliente el horno a 90 °C. Caliente la mantequilla clarificada restante en dos sartenes antiadherentes. Vierta la mitad de la pasta en cada sartén y dore el *Kaiserschmarrn* unos 4 minutos por cada lado. Sáquelos de la sartén y, con dos tenedores, rómpalos en trozos del tamaño de un bocado. Ponga 1 cucharada de mantequilla en cada sartén, reparta entre ellas el resto de la cebolleta y la panceta, añada los trozos de *Kaiserschmarrn* y rehóguelo. Consérvelo caliente en el horno.

Para preparar el quark, remuévalo bien con la leche hasta obtener una crema lisa. Limpie los rabanitos, lávelos y córtelos en bastoncitos. Lave el cebollino, sacúdalo para secarlo y píquelo. Agregue los rabanitos y el cebollino al quark, mézclelo todo bien y sazone con abundante sal, pimienta y guindilla al gusto. Sírvalo con el *Kaiserschmarrn*.

Sopa de limón
CON HUEVO

Caliente el caldo en una olla. Cuando hierva, eche la pasta y cuézala unos 5 minutos.

Bata los huevos hasta que estén espumosos y agregue el zumo de limón y 1 cucharada de agua fría. Chorrito a chorrito y sin dejar de remover, añada 2 cucharones de caldo caliente.

Aparte la olla del fuego, incorpore la mezcla de huevo al caldo y remueva bien. Salpimiente, acabe de adornar la sopa con rodajas de limón y sírvala enseguida.

PARA 4 PERSONAS

2 litros de caldo de pollo

125 g de orzo

3 huevos

El zumo de 1 limón

Sal

Pimienta

Rodajas de limón, para adornar

→ SUGERENCIA

Retoque la sopa de limón a su gusto añadiendo verduras. Por ejemplo, quedará riquísima con guisantes, espárragos trigueros o blancos troceados, zanahorias tiernas o colinabo. La pasta puede sustituirse por arroz.

Tiempo de preparación:
unos 15 minutos
Por ración, aprox.:
450 kcal/1884 kJ
17 g P, 14 g G, 71 g HC

Albóndigas de pescado
A LAS HIERBAS

PARA 4 PERSONAS

1 panecillo del día anterior

700 g de restos de pescado

1 cebolla

1 huevo

Sal

Pimienta

½ cucharada de condimento
para pescado

3 cucharadas de perejil recién
picado

2 cucharadas de mantequilla

Ponga el panecillo en remojo en agua caliente. Pique los restos de pescado o tritúrelos en el robot de cocina. Pele la cebolla y píquela bien fina.

Escurra el panecillo y mézclelo con el picadillo de pescado, la cebolla, el huevo, sal, pimienta, el condimento y el perejil. Amáselo hasta obtener una pasta uniforme y prepare las albóndigas.

Caliente la mantequilla en una sartén y fría las albóndigas hasta que estén doradas y crujientes por todos los lados. Una ensalada de patata aún caliente será un delicioso acompañamiento.

Tiempo de preparación:
unos 30 minutos
Por ración, aprox.:
270 kcal/1130 kJ
37 g P, 10 g G, 7 g HC

Crema de chirivía
CON SALMÓN AHUMADO

PARA 4 PERSONAS

800 g de chirivías

2 dientes de ajo

2 cebollas

2 cucharadas de aceite para freír

2 cucharaditas de pasta de curry
   rojo

500 ml de caldo de verduras

500 ml de leche entera

Sal

Pimienta

1 manojo de cebollino

4 ramitas de perejil

160 g de salmón ahumado

1 cucharadita de aceite de sésamo

Lave las chirivías, pélelas y trocéelas. Pele los ajos y las cebollas, y píquelos bien.

Caliente el aceite en una olla y sofría la pasta de curry 1 minuto. Agregue el picadillo de ajo y cebolla, y sofríalo hasta que esté translúcido. Añada la chirivía y siga rehogando otros 3 minutos, sin dejar de remover.

Vierta el caldo y la leche, y cuézalo a fuego medio unos 10 minutos. Sazone con sal y pimienta.

Lave el cebollino y el perejil, y sacúdalos para secarlos. Pique el cebollino y trocee las hojas del perejil. Corte el salmón en trocitos.

Triture la sopa hasta obtener una crema, agregue los trocitos de salmón y caliéntela de nuevo. Aderécela con el aceite de sésamo, sal y pimienta al gusto, repártala en platos soperos y adórnela con el cebollino y el perejil.

Tiempo de preparación:
unos 30 minutos
Por ración, aprox.:
281 kcal/1176 kJ
14 g P, 17 g G, 14 g HC

Consomé
CON TIRAS DE CREP

Forme una pasta mezclando bien la harina con la leche y los huevos. Salpimiente y añada las hierbas.

Derrita un poco de la mantequilla en una sartén y vierta un cucharón de pasta para hacer una crep. Repita el proceso con el resto de la pasta y deje enfriar las creps.

Caliente el caldo en una olla. Enrolle las creps y córtelas en tiras finas. Agregue las tiras de crep al consomé y sírvalo bien caliente.

PARA 4 PERSONAS

200 g de harina
300 ml de leche
2 huevos
Sal
Pimienta
Nuez moscada
1 manojo de perejil, picado
1 cucharada de cebollino picado
½ cucharada de berros picados
3 cucharadas de mantequilla
1 litro de caldo de verduras

→ SUGERENCIA

Si lo desea, sustituya el caldo de verduras por otro de pollo o de carne.

Tiempo de preparación:
unos 20 minutos
Por ración, aprox.:
243 kcal/1017 kJ
10 g P, 4 g G, 41 g HC

Garbanzos
CON POLLO

PARA 4 PERSONAS

12 tomates secos en aceite

2 dientes de ajo

2 calabacines

500 g de garbanzos cocidos

4 cucharadas de aceite de oliva

100 ml de caldo de pollo

2 sobres de azafrán

Sal

Pimienta

¼ de cucharadita de cilantro
   molido

4 pechugas de pollo de unos 200 g

Ras el hanout

Seque los tomates con papel de cocina y córtelos en tiras finas. Pele los ajos y córtelos en láminas.

Limpie los calabacines, lávelos y córtelos en dados de 1 cm. Escurra los garbanzos, lávelos bajo el chorro de agua fría y déjelos escurriéndose.

Caliente 2 cucharadas de aceite en una olla y sofría el tomate y el ajo a fuego medio 1 minuto. Añada el calabacín y los garbanzos, y siga rehogando. Vierta el caldo y sazone con el azafrán, sal, pimienta y el cilantro. Cuando arranque a hervir, tape la olla y cuézalo a fuego medio unos 5 minutos.

Lave el pollo, séquelo con un paño y límpielo de tendones si fuera necesario. Caliente el resto del aceite en una sartén. Sale el pollo por todos los lados y espolvoréelo con pimienta y *ras el hanout*. Fríalo unos 7 minutos por cada lado, o hasta que esté hecho. Sirva los garbanzos con el pollo.

Tiempo de preparación:
unos 20 minutos
Por ración, aprox.:
816 kcal/3416 kJ
50 g P, 59 g G, 21 g HC

Curry de lentejas
CON CEBOLLETA

PARA 4 PERSONAS

200 g de lentejas rojas secas

1 manojo de cebolletas

2 cucharadas de aceite vegetal

1 cucharada de pasta de curry
amarillo

1 cucharadita de azúcar de palma
rallado

2 cucharadas de salsa de pescado

2 cucharadas de salsa de ostras

500 ml de caldo de pollo

2 latas de leche de coco
(de 400 ml)

3 hojas de lima *kafir*

200 g de guisantes congelados

Las hojas de 3 ramas de menta

Aclare las lentejas con agua fría. Lave las cebolletas, séquelas y córtelas en rodajitas. Caliente el aceite en el wok y rehogue brevemente la pasta de curry y el azúcar de palma. Eche las lentejas y sofríalas un instante, removiendo. Añada la salsa de pescado y la de ostras.

Vierta el caldo enseguida y añada la leche de coco y las hojas de lima. Cuézalo a fuego lento unos 5 minutos. Por último, añada la cebolleta y los guisantes, y déjelo cocer unos minutos más. Antes de servir, lave la menta e incorpórela al curry.

Tiempo de preparación:
unos 30 minutos
Por ración, aprox.:
312 kcal/1306 kJ
8 g P, 8 g G, 18 g HC

Sopa de pollo
CON FIDEOS SOBA

Limpie los champiñones humedeciéndolos y frotándolos un poco para quitarles la cutícula, y córtelos en láminas. Limpie el pimiento, lávelo y córtelo en tiras finas. Lave los tirabeques y despúntelos. Pele el jengibre y píquelo muy menudo. Lave el limón y pártalo por la mitad. Exprima una de las dos mitades y corte la otra en rodajas finas. Dele unos golpes al limoncillo, por ejemplo, con la mano del mortero.

Vierta 750 ml de agua en una olla, añada el zumo de limón, el limoncillo y el jengibre, y llévelo a ebullición. Mientras tanto, lave el pollo, séquelo con un paño y córtelo en tiras finas. Eche en el agua los fideos, el pimiento y las tiras de pollo, y cueza la sopa a fuego medio unos 7 minutos.

Mientras tanto, limpie las cebolletas, lávelas y trocéelas cortando al bies. Agregue a la sopa las rodajas de limón, los tirabeques y los champiñones, y cuézala otros 3 minutos. Lave el cilantro, sacúdalo para secarlo, arranque las hojas y píquelas bien. Sazone la sopa con la salsa de soja y la cebolleta, y sírvala con un poco de cilantro.

→ EFECTO DETOX
Este plato ligero es un alivio para el cuerpo. Las hortalizas aportan nutrientes esenciales y el jengibre actúa como antiinflamatorio y activa la circulación.

PARA 2 PERSONAS
5 champiñones medianos
1 pimiento rojo
50 g de tirabeques
1 trozo de jengibre de 1 cm
1 limón de cultivo ecológico
1 tallo de limoncillo
1 filete de pechuga de pollo de unos 200 g
50 g de fideos *soba*
2 cebolletas
3 ramitas de cilantro fresco
2 cucharadas de salsa de soja

Tiempo de preparación: unos 25 minutos
Por ración, aprox.:
280 kcal/1172 kJ
33 g P, 2 g G, 30 g HC

Calabacín crujiente
CON VARIACIONES

PARA 4 PERSONAS

1 calabacín grande

Sal

Pimienta

4 cucharadas de harina

2 huevos

6 cucharadas de pan rallado

Aceite para freír

Limpie el calabacín, lávelo y córtelo en rodajas de 1 cm.

Salpimiente las rodajas de calabacín por ambos lados y rebócelas pasándolas primero por la harina, luego por el huevo y por último por el pan rallado.

Caliente abundante aceite en una sartén y fría las rodajas de calabacín hasta que se doren.

→ ## VARIACIONES

Esta receta tan fácil de calabacín rebozado puede modificarse al gusto muy fácilmente con todo tipo de hortalizas. Pruébela con lonchas de calabaza Hokkaido (no hace falta pelarla, solo limpiarla bien) o con rodajas de berenjena, de colinabo, de apionabo o de remolacha cocida. El rebozado también admite variantes:

→ Añada parmesano recién rallado al pan rallado.

→ Antes de enharinarlas, unte las hortalizas con rábano rusticano rallado.

→ Después de bañar las hortalizas en el huevo, rebócelas en una mezcla de hierbas en lugar de pan rallado.

→ Para obtener un rebozado aún más crujiente, mezcle el pan rallado con nueces picadas, almendras laminadas, sésamo o copos de maíz desmenuzados.

→ ## SUGERENCIA

Las verduras también quedan excelentes si se fríen omitiendo el pan rallado. En ese caso, salpimiente las rodajas, simplemente enharínelas y fríalas hasta que estén crujientes.

Tiempo de preparación:
unos 30 minutos
Por ración, aprox.:
402 kcal/1688 kJ
13 g P, 31 g G, 16 g HC

Fritatta de pasta
CON BEICON

Cueza los macarrones en abundante agua con sal siguiendo las indicaciones del envase. Cuando estén hechos, escúrralos y resérvelos.

Lave los espárragos y córteles el extremo inferior. Péleles el tercio inferior, córtelos en trozos de unos 3 cm y escáldelos en agua hirviendo unos 3 minutos.

Parta los pimientos por la mitad, límpielos, lávelos y córtelos en daditos. Pele el ajo. Corte el beicon también en daditos.

Bata los huevos con la leche y agregue el parmesano. Ase el beicon hasta que esté crujiente en una sartén sin añadir grasa. Resérvelo. En la misma sartén, sofría el pimiento a fuego vivo, añada el ajo, remueva bien e incorpore la pasta, los espárragos y de nuevo el beicon. Mezcle bien todos los ingredientes y sazone con sal y pimienta.

Vierta la mezcla de leche y huevo sobre la pasta y cueza la *fritatta* a fuego medio entre 12 y 15 minutos.

PARA 4 PERSONAS

400 g de macarrones
Sal
600 g de espárragos verdes
2 pimientos rojos
1 diente de ajo
200 g de beicon
4 huevos
300 ml de leche entera
80 g de parmesano recién rallado
Pimienta

Tiempo de preparación:
unos 30 minutos
Por ración, aprox.:
778 kcal/3257 kJ
42 g P, 33 g G, 76 g HC

Caldo al limón
CON PARMESANO

PARA 4 PERSONAS

400 ml de fondo de buey

400 ml de fondo de cordero

1 cucharada de zumo de limón

3 yemas de huevo

70 g de parmesano recién rallado

Pimienta

1 ramita de mejorana

Lleve a ebullición los fondos en una olla y luego déjelo cocer a fuego vivo unos 5 minutos y apártelo del fuego.

Mezcle bien el zumo de limón con las yemas de huevo. Agregue 60 g de parmesano rallado. Sin dejar de remover, vaya vertiéndolo en el caldo caliente chorrito a chorrito; sobre todo, no debe volver a hervir.

Sazone el caldo con pimienta. Antes de servirlo, adorne los platos con unas hojas de mejorana y el resto del parmesano.

Tiempo de preparación:
unos 20 minutos
Por ración, aprox.:
130 kcal/544 kJ
10 g P, 10 g G, 1 g HC

Plumas
CON SALMÓN AHUMADO

Corte el salmón en dados de 1,5 cm. Pele la cebolla y los ajos, y píquelos. Caliente el aceite en una cazuela y rehogue la cebolla, el ajo y 2 cucharadas del salmón. Vierta el caldo y déjelo cocer un ratito. Agregue la nata y cueza la salsa a fuego medio otros 3 minutos.

Mientras tanto, cueza la pasta en abundante agua con sal siguiendo las indicaciones del envase. Aderece la salsa con zumo de limón, sal, pimienta y el azúcar. Incorpore el resto del salmón, mézclelo todo bien, apártelo del fuego y tápelo. Deje reposar la salsa 2 minutos.

Escurra la pasta y sírvala con la salsa caliente.

PARA 4 PERSONAS

1 filete de salmón ahumado de
    400 g (véase la sugerencia)
1 cebolla grande
2 dientes de ajo
1 cucharada de aceite vegetal
    neutro
100 ml de caldo de verduras
400 g de nata fresca a las hierbas
400 g de plumas
Sal
1 cucharada de zumo de limón
Pimienta
1 pizca de azúcar

→ SUGERENCIA

Encontrará filetes de salmón ahumado en una pieza en algunos supermercados y en tiendas de alimentación de alta calidad. Si dispone de salmón cortado en lonchas, también le servirá para preparar esta receta, aunque el resultado no será exactamente el mismo.

Tiempo de preparación:
unos 25 minutos
Por ración, aprox.:
843 kcal/3529 kJ
34 g P, 43 g G, 73 g HC

Albóndigas
CON SETAS

PARA 1-2 PERSONAS

150 g de setas variadas

2 cucharadas de aceite vegetal

2 chalotes picados

1 diente de ajo picado

1 panecillo del día anterior
   (remojado en agua)

75 ml de leche

200 g de carne picada

1 huevo

¼ de cucharada de perejil y otro
   de tomillo fresco picados

Cebollino

Sal

Pimienta

Limpie bien las setas y píquelas. Caliente 1 cucharada de aceite en una sartén y sofría las setas con los picadillos de chalote y ajo. Escurra el pan estrujándolo y mézclelo con todos los demás ingredientes hasta obtener una pasta uniforme.

Caliente el resto del aceite en la sartén. Forme albóndigas con la pasta y fríalas por todos los lados hasta que estén crujientes.

Tiempo de preparación:
unos 15 minutos (más el tiempo
de cocción)
Por ración, aprox.:
445 kcal/1863 kJ
27 g P, 30 g G, 15 g HC

→ SUGERENCIA

Una buena alternativa a las setas frescas son las secas, por ejemplo, setas calabaza, colmenillas o setas chinas. En ese caso necesitará un peso considerablemente inferior. Para esta receta, tome un puñado de setas secas y un poco más de carne picada si fuera necesario.

Espaguetis
CON CREMA DE CHAMPIÑONES

PARA 4 PERSONAS

400 g de espaguetis
Sal
8 lonchas de beicon
180 g de champiñones
4 huevos
250 ml de nata
2 cucharaditas de orégano fresco
   picado
70 g de parmesano recién rallado
Pimienta

Cueza los espaguetis al dente en abundante agua con sal siguiendo las indicaciones del envase. Limpie al gusto de grasa las lonchas de beicon y córtelas en tiras. Dore el beicon en una sartén y déjelo escurrir en papel de cocina.

Limpie bien los champiñones, córtelos en láminas y fríalos en la sartén unos 2 o 3 minutos, hasta que se ablanden.

Escurra bien los espaguetis y devuélvalos a la olla.

Bata los huevos con la nata y mézclelo con la pasta caliente, los champiñones, el beicon y el orégano.

Caliente la pasta a fuego lento removiendo de vez en cuando, hasta que la salsa se espese.

Aparte la olla del fuego, agregue el queso y acabe de sazonar los espaguetis con sal y pimienta.

Tiempo de preparación:
unos 25 minutos
Por ración, aprox.:
763 kcal/3195 kJ
35 g P, 32 g G, 79 g HC

Pizza de pan de pita
CON SALAMI PICANTE

PARA 4 PERSONAS

1 pan de pita grande, redondo

2 cebollas

2 dientes de ajo

1 pimiento rojo

2 tomates

2 cebolletas

250 ml de nata fresca

Sal

Pimienta

100 g de salami italiano picante
   en rodajas

2 guindillas frescas picadas

300 g de queso rallado para pizza

4 ramas de albahaca fresca

½ cucharadita de orégano

Corte el pan por la mitad horizontalmente. Ponga las dos mitades con la miga hacia arriba en la bandeja del horno forrada con papel vegetal. Precaliente el horno a 200 °C.

Pele las cebollas y córtelas en daditos. Pele los ajos y píquelos. Lave el pimiento y los tomates. Parta el pimiento por la mitad, límpielo por dentro y córtelo en daditos. Quíteles a los tomates la parte dura de la inserción del tallo y córtelos también en dados. Lave las cebolletas y córtelas en rodajitas.

Mezcle bien todas las hortalizas con la nata y añada sal y pimienta al gusto. Extienda la mezcla sobre el pan de manera homogénea.

Reparta las rodajas de salami entre las dos pizzas. Haga lo mismo con la guindilla. Esparza por encima el queso rallado y hornee las pizzas a media altura unos 15 minutos. Lave la albahaca, sacúdala para secarla y deseche los tallos. Complete las pizzas con la albahaca y el orégano, y sírvalas enseguida.

Tiempo de preparación:
unos 30 minutos
Por ración, aprox.:
815 kcal/3412 kJ
33 g P, 57 g G, 41 g HC

Pollo
TANDOORI

Precaliente el horno a 80 °C. Forre la bandeja con papel de aluminio, úntela con la mantequilla clarificada, coloque los panes encima y métala en el horno. Apáguelo y deje que los panes se calienten. Deles la vuelta una vez.

Lave el pollo, séquelo con un paño de cocina y córtelo en trozos de unos 2 cm. Espolvoréelo con las especias por todos los lados.

Pele las cebollas y córtelas por la mitad y después en rodajas. Parta los pimientos en cuatro, límpielos, lávelos y córtelos en daditos. Parta el melón por la mitad, retire las semillas y pélelo. Corte unos 300 g de melón en dados de 1 cm.

Caliente el aceite en una sartén antiadherente y saltee el pollo a fuego vivo por todos los lados unos 3 minutos. Resérvelo. Sofría a continuación la cebolla y el pimiento 1 minuto, sin dejar de remover. Vierta el caldo y la leche de coco, y cuézalo unos 2 minutos.

Agregue el pollo y los dados de melón, y cueza la salsa a fuego medio 2 minutos más. Sazone el pollo *tandoori* con sal y pimienta, y sírvalo enseguida con el pan.

PARA 4 PERSONAS

2 cucharaditas de mantequilla clarificada
4 panes *naan* (o bien panes de pita)
800 g de pechugas de pollo
2 cucharadas de mezcla de especias *tandoori*
4 cebollas rojas pequeñas
2 pimientos amarillos
300 g de melón amarillo canario (peso después de pelarlo y limpiarlo)
2 cucharadas de aceite de cacahuete
200 ml de caldo de pollo
400 ml de leche de coco
Sal
Pimienta

Tiempo de preparación:
unos 30 minutos
Por ración, aprox.:
779 kcal/3262 kJ
46 g P, 35 g G, 25 g HC

→ SUGERENCIA

La mantequilla clarificada es un derivado de la mantequilla y una de las grasas más utilizadas en la cocina de la India, donde la llaman *ghee*.

Orecchiette
AL PESTO DE ALMENDRAS

Cueza la pasta al dente en abundante agua con sal siguiendo las indicaciones del envase. Mientras tanto, tueste con cuidado la almendra molida en una sartén hasta que se dore. Pele el ajo y píquelo. Lave la albahaca, deseche los tallos y pique las hojas.

Triture con la batidora la almendra molida tostada, el ajo, la albahaca, el parmesano y 2 cucharadas de aceite hasta obtener una pasta. Aderécela con sal y pimienta. Lave los tomates, pártalos por la mitad y mézclelos con la pasta trabajando con las manos. Incorpore el resto del aceite y mezcle hasta obtener un pesto homogéneo.

Reserve 1 vaso del agua de cocción y escurra la pasta. Mézclela enseguida con el pesto. Si la consistencia fuera demasiado seca, añada un poco del agua reservada. Acabe de sazonar con sal y pimienta al gusto, y sirva el plato.

PARA 4 PERSONAS

500 g de *orecchiette*
Sal
150 g de almendra molida
1 diente de ajo
1 manojo de albahaca
150 g de parmesano recién
   rallado
4 cucharadas de aceite de oliva
Pimienta
600 g de tomates de cóctel

→ SUGERENCIA

Si lo prefiere, haga un pesto más clásico con piñones picados finos en lugar de almendra molida.

Tiempo de preparación:
unos 30 minutos
Por ración, aprox.:
1025 kcal/4291 kJ
37 g P, 48 g G, 106 g HC

Arañas
DE ESPAGUETIS

PARA 4 PERSONAS

400 g de espaguetis

8 salchichas de Fráncfort

1 cebolla

1 diente de ajo

1 cucharada de aceite de oliva

500 ml de tomate triturado

1 cucharadita de orégano

1 hoja de laurel

Sal

Pimienta

Y también...

Palillos

Mayonesa

Alcaparras

Tiempo de preparación:
unos 30 minutos
(más el tiempo de cocción)
Por ración, aprox.:
750 kcal/3140 kJ,
30 g P, 35 g G, 78 g HC

Parta los espaguetis por la mitad. Corte las salchichas en trozos de unos 2,5 cm. Con un palillo, agujeree las salchichas 4 veces e introduzca cuidadosamente un espagueti en cada agujero, de manera que la salchicha quede más o menos en el medio.

Pele la cebolla y el ajo, y píquelos bien. Caliente el aceite en una sartén y sofría el picadillo de ajo y cebolla a fuego medio hasta que esté translúcido. Agregue el tomate y sazone con el orégano, el laurel, sal y pimienta. Lleve la salsa a ebullición y luego déjela cocer a fuego lento unos 10 minutos.

Mientras tanto, ponga a hervir abundante agua con sal. Cueza las arañas siguiendo las indicaciones del envase de los espaguetis. Escúrralas. Antes de servir, saque la hoja de laurel de la salsa de tomate, repártala en los platos y distribuya las arañas por encima. Ponga dos gotas de mayonesa y dos alcaparras en cada araña a modo de ojos.

Hamburguesa
DE LUXE

PARA 4 PERSONAS

4 panecillos para hamburguesa
  con sésamo

Para las hamburguesas

1 panecillo seco

120 ml de leche tibia

600 g de carne de vacuno picada

Sal

Pimienta

1 cebolla picada

2 huevos

3 cucharadas de pimiento rojo
  en daditos muy pequeños

1 pizca de guindilla molida

1 cucharadita de tomillo

1 cucharadita de romero

Para la guarnición

4 hojas de lechuga

2 pepinillos

4 tomates

4 lonchas de gouda

4 cucharaditas de mayonesa

4 cucharaditas de kétchup

Tiempo de preparación:
unos 30 minutos
Por ración, aprox.:
790 kcal/3308 kJ
57 g P, 44 g G, 53 g HC

Corte el panecillo seco en dados y remójelo 10 minutos en la leche. Luego, escúrralo bien. Mezcle en un bol todos los ingredientes para las hamburguesas excepto las especias, removiendo bien. Sazone la pasta al gusto con las especias.

Con las manos húmedas, forme 4 hamburguesas con la pasta. Áselas 3 o 4 minutos por cada lado. Abra los panecillos por la mitad y tuéstelos brevemente por el lado de la miga.

Para preparar la guarnición, lave la lechuga y sacúdala para secarla. Corte los pepinillos en rodajas finas. Lave los tomates, quíteles la parte dura de la inserción de tallo y córtelos también en rodajas finas.

Ponga encima de la mitad inferior de los panecillos 1 hoja de lechuga, rodajas de pepinillo, la hamburguesa, 1 loncha de queso y las rodajas de tomate. Añada 1 cucharadita de mayonesa y otra de kétchup por encima, y coloque la tapa a los bocadillos.

PARA EL FIN DE SEMANA

Filete de trucha con pan frito

Chuletas de ternera con ensalada

Salteado de carne con puré de aguacate

Carne picada con fideos de arroz

Pollo al curry con arroz basmati

Cordon bleu estilo *tandoori*

Filete a la pimienta con puerro

Gambas al ajillo con guindilla

Escalope bávaro con rábano rusticano

Salmón al sésamo con champiñones

Pasta con espárragos y salsa de atún

Filete de trucha
CON PAN FRITO

Precaliente el horno a 180 °C. Lave las limas, séquelas y ralle la piel. Corte 1 lima en rodajas finas y exprima las otras tres. Mezcle bien en un cuenco la salsa de chile con el zumo de lima, la ralladura y la salsa de soja.

Lave los filetes de trucha y séquelos con un paño de cocina. Repártalos de dos en dos entre 4 hojas de papel vegetal. Rocíelos con la salsa y reparta por encima las rodajas de lima.

Levante los bordes del papel vegetal por encima del pescado y retuerza las puntas para fijarlas. Ponga los 4 paquetitos uno junto al otro en la bandeja del horno.

Hornee la trucha a media altura entre 12 y 15 minutos. Mientras tanto, caliente el aceite en una sartén antiadherente y fría el pan por los dos lados hasta que esté dorado y crujiente. Saque el pescado del horno, sazónelo con sal y pimienta, espolvoréelo con el cilantro y sírvalo con el pan.

PARA 4 PERSONAS

4 limas de cultivo ecológico
10 cucharadas de salsa de chile dulce
2 cucharadas de salsa de soja
8 filetes de trucha de unos 150 g
4 cucharadas de aceite de oliva
4 rebanadas de pan de centeno
Sal
Pimienta
4 cucharadas de cilantro fresco picado

Tiempo de preparación: unos 30 minutos
Por ración, aprox.:
713 kcal/2985 kJ
69 g P, 21 g G, 61 g HC

Chuletas de ternera
CON ENSALADA

Tueste las nueces para la ensalada en una sartén. Cuando estén doradas, eche el sirope de arce y deje que se caramelicen un poco. Espolvoréelas con flor de sal, déjelas enfriar sobre papel vegetal y luego trocéelas. Limpie la rúcula, lávela y escúrrala. Pártala en trozos del tamaño de un bocado.

Precaliente el horno a 120 °C y forre la bandeja con papel vegetal. Ponga dos sartenes al fuego. Lave las chuletas, séquelas con un paño de cocina, salpiméntelas y dórelas en el aceite caliente unos 2 minutos por cada lado. Sáquelas de la sartén y métalas en el horno. Deje que terminen de hacerse unos 9 minutos y luego envuélvalas con papel de aluminio y déjelas reposar 5 minutos.

Para hacer el aliño, aclare las alcaparras y escúrralas. Mezcle el zumo de limón con el aceite, agregue las alcaparras y añada sal y pimienta al gusto. Reparta la rúcula entre los platos y esparza unas nueces por encima. Coloque cada chuleta en su lecho de rúcula y rocíelo todo con el aliño.

PARA 4 PERSONAS

Para la ensalada
100 g de nueces
1 cucharada de sirope de arce
Flor de sal
200 g de rúcula

Para la carne
4 chuletas de ternera de
   unos 225 g
Sal
Pimienta
4 cucharadas de aceite de oliva

Para el aliño
2 cucharadas de alcaparras
75 ml de zumo de limón
75 ml de aceite de oliva
Sal
Pimienta

Tiempo de preparación:
unos 25 minutos
Por ración, aprox.:
673 kcal/2818 kJ
45 g P, 50 g G, 12 g HC

Salteado de carne
CON PURÉ DE AGUACATE

Lave las patatas, pélelas, córtelas en trozos del mismo tamaño y cuézalas en agua con sal.

Lave los tomates y pártalos por la mitad. Pele las cebollas y córtelas en dados. Lave el perejil, sacúdalo para secarlo y trocéelo. Lave los filetes y séquelos con un paño. Córtelos en tiras.

Parta los aguacates por la mitad y deshuéselos. Luego, pélelos, córtelos en dados y rocíelos con el zumo de lima.

Caliente el aceite en una sartén y saltee la carne unos 2 minutos; aderécela con sal y pimienta. Sáquela de la sartén y sofría en la grasa aún caliente la cebolla y los tomates. Agregue la carne y caliéntela bien. Salpimiente al gusto y resérvelo caliente.

Escurra las patatas. Derrita la mantequilla en una cazuela y apártela del fuego. Agregue las patatas y el aguacate, y páselo todo por el pasapurés. Añada el perejil, incorpore un poco de leche o de nata y sazone el puré con sal y pimienta. Sírvalo con el salteado de carne.

PARA 4 PERSONAS

4 patatas grandes

300 g de tomates cherry

2 cebollas

1 manojo de perejil

4 filetes de vacuno de unos 200 g

2 aguacates maduros

2-4 cucharadas de zumo de lima

4 cucharadas de aceite de oliva

Sal

Pimienta

4 cucharadas de mantequilla

Leche entera fresca o nata líquida
al gusto

Tiempo de preparación:
unos 30 minutos
Por ración, aprox.:
660 kcal/2763 kJ
49 g P, 43 g G, 19 g HC

Carne picada
CON FIDEOS DE ARROZ

PARA 4 PERSONAS

150 g de fideos de arroz

2 ramas de apio

300 g de espinacas frescas
 (200 g si son congeladas)

1 trozo de jengibre de unos 2 cm

1 guindilla seca

1 cucharada de judías negras
 fermentadas

4 cucharadas de aceite de
 cacahuete

300 g de carne de cerdo magra
 picada

2 cucharadas de salsa de soja

125 ml de caldo de pollo

1 cucharada de aceite de sésamo

Ponga los fideos en un bol, rocíelos con agua caliente y déjelos en remojo 10 minutos. Limpie el apio, lávelo y córtelo en dados. Limpie y lave bien las espinacas o sáquelas del congelador si son congeladas.

Pele el jengibre y píquelo bien fino. Pique asimismo la guindilla y las judías. Caliente el aceite en una sartén grande y sofría la mezcla de jengibre, guindilla y judías a fuego medio unos 2 minutos.

Luego, agregue la carne y el apio, y rehóguelo todo, removiendo, hasta que la carne se desmenuce. Incorpore las espinacas y deje que se ablanden.

Añada la salsa de soja y el caldo, y déjelo al fuego. Mientras tanto, escurra los fideos, córtelos si fuera necesario y agréguelos a la sartén. Rehóguelo todo junto otros 2 minutos, acabe de sazonar con salsa de soja y sirva el plato rociado con el aceite de sésamo.

Tiempo de preparación:
unos 30 minutos
Por ración, aprox.:
384 kcal/1608 kJ
20 g P, 17 g G, 38 g HC

Pollo al curry
CON ARROZ BASMATI

Cueza el arroz en agua con sal siguiendo las indicaciones del envase. Limpie y lave los tirabeques y los espárragos. Córteles el extremo inferior a los espárragos y luego pele el tercio inferior. Corte los tirabeques por la mitad a lo largo y los espárragos en trozos del tamaño de un bocado. Pele el boniato, aclárelo bajo el chorro de agua fría y córtelo en dados de 1 cm.

Lave el pollo, séquelo con papel de cocina y córtelo en tiras. Espolvoréelo con harina. Pele la cebolla y píquela bien. Lave el limoncillo y dele unos golpes con el lomo de un cuchillo hasta que los tallos se abran.

Caliente el aceite en una sartén grande y fría la pasta de curry con la cebolla, a fuego medio y removiendo. Cuando el curry desprenda un olor aromático, agregue la leche de coco, mezcle bien, incorpore el limoncillo y cuézalo a fuego lento unos 5 minutos, con la sartén tapada.

Añada las hortalizas y el pollo, y cuézalo a fuego lento otros 8 minutos más, hasta que todos los ingredientes estén bien hechos. Por último, aderece el pollo al curry con el zumo de lima, el azúcar de palma y la salsa de pescado. Sírvalo con el arroz.

PARA 4 PERSONAS

250 g de arroz basmati
Sal
150 g de tirabeques
200 g de espárragos trigueros
1 boniato grande
300 g de filetes de pollo
Harina de trigo
1 cebolla
2 ramas de limoncillo
2 cucharadas de aceite de cacahuete
2 cucharaditas de pasta de curry rojo
400 ml de leche de coco
Zumo de lima
1 cucharadita de azúcar de palma rallado (o azúcar moreno), o al gusto
1 cucharada de salsa de pescado o sal

Tiempo de preparación: unos 30 minutos
Por ración, aprox.:
565 kcal/2366 kJ
26 g P, 22 g G, 55 g HC

Cordon bleu
ESTILO TANDOORI

PARA 4 PERSONAS

4 pechugas de pollo de unos 170 g

3 cucharadas de mermelada
de higo

½ cucharadita de tomillo fresco

Sal marina

Pimienta

100 g de gruyer rallado

4 lonchas finas de jamón
ahumado

5 cucharadas de aceite de oliva

1 chalote

½ cucharadita de mostaza
de Dijon

Miel

2 cucharadas de vinagre
balsámico blanco

4 cogollos de lechuga

1 chapata

Tiempo de preparación:
unos 25 minutos
Por ración, aprox.:
864 kcal/3617 kJ
49 g P, 59 g G, 34 g HC

Lave las pechugas, séquelas con un paño y ábralas por la mitad en horizontal.

Mezcle la mermelada con el tomillo y sazónela con sal y pimienta. Unte las mitades de pechuga por la parte interior con la mermelada. Esparza el queso repartiéndolo entre ellas, ciérrelas y envuélvalas con una loncha de jamón.

Caliente 2 cucharadas de aceite en una sartén antiadherente y fría los *cordons bleus* unos 4 minutos por cada lado, hasta que estén dorados y crujientes.

Mientras tanto, pele el chalote y píquelo. Prepare un aliño con el chalote, la mostaza, la miel, el vinagre, sal y pimienta. Limpie los cogollos, lávelos, pártalos por la mitad y córtelos en tiras. Mezcle la ensalada con el aliño. Sirva el pan y la ensalada con los *cordons bleus*.

Filete a la pimienta
CON PUERRO

PARA 4 PERSONAS

Para la guarnición

50 g de tomates secos

100 g de piñones

4 puerros grandes

2 cucharadas de pasas

2 cucharadas de aceite de oliva

Sal

Pimienta

Para la carne

2 cucharadas de pimienta

4 cucharadas de semillas de
   sésamo

1 cucharadita de sal

4 ramas de romero

4 filetes de vacuno de unos 180 g

4 cucharadas de aceite de girasol

Tiempo de preparación:
unos 30 minutos
Por ración, aprox.:
633 kcal/2650 kJ
50 g P, 41 g G, 15 g HC

Ponga los tomates secos en un bol y cúbralos con agua hirviendo. Déjelos remojar unos 10 minutos, escúrralos y píquelos. Tueste los piñones en una sartén hasta que estén dorados, sin dejar de remover; resérvelos. Limpie los puerros, lávelos y córtelos en rodajas. Aclare las pasas bajo el chorro de agua fría.

Caliente el aceite en una sartén y sofría el puerro a fuego vivo; después, baje el fuego. Agregue el tomate seco y las pasas, y rehogue a fuego lento unos 10 minutos. Salpimiente e incorpore los piñones.

Para preparar los filetes, maje la pimienta en el mortero y mézclela con el sésamo y la sal. Lave el romero y sacúdalo para secarlo. Lave los filetes, séquelos con un paño de cocina y reboce los bordes en la mezcla de pimienta. Caliente el aceite en una sartén. Cuando esté muy caliente, fría los filetes a fuego vivo unos 3 minutos por cada lado. Sáquelos de la sartén y envuélvalos enseguida en papel de aluminio con una rama de romero. Déjelos reposar unos 5 minutos. Saque los filetes del papel de aluminio y sírvalos rociados con su jugo. Presente los puerros como acompañamiento.

Gambas al ajillo
CON GUINDILLA

PARA 4 PERSONAS

800 g de gambas enteras
6 dientes de ajo
1 guindilla fresca
½ manojo de perejil
150 ml de aceite de oliva
Sal

Empiece preparando las gambas: primero, quíteles la cabeza y pélelas; a continuación, elimine el hilo intestinal ayudándose con la punta del cuchillo.

Pele los ajos y córtelos en láminas finas. Lave la guindilla, ábrala de arriba abajo, despepítela y píquela. Lave el perejil y séquelo con papel de cocina. Deseche los tallos y pique bien las hojas.

Caliente el aceite en una sartén honda, eche el ajo y la guindilla, y fríalos sin dejar de remover. Agregue las colas de gamba y eche un poco de sal. Fría las gambas entre 3 y 5 minutos, hasta que cambien de color. Esparza el perejil por encima y sírvalas enseguida: cuanto más calientes, mejor están. Presente pan blanco para acompañarlas.

Tiempo de preparación:
unos 20 minutos
Por ración, aprox.:
550 kcal/2303 kJ
41 g P, 41 g G, 4 g HC

Escalope bávaro
CON RÁBANO RUSTICANO

Lave los filetes y séquelos con un paño. Cúbralos con film transparente y aplánelos. Luego, úntelos por un lado con el rábano rusticano rallado. Salpimiéntelos.

Bata los huevos en un plato y añada sal y pimienta. Ponga en otros dos platos la harina y el pan rallado. Caliente la mantequilla clarificada en una sartén.

Reboce los filetes pasándolos primero por la harina, luego por el huevo y finalmente por el pan rallado. Sacúdalos un poco para que caiga el exceso de pan rallado. Fríalos a fuego medio por los dos lados hasta que estén crujientes. Déjelos escurrir en papel de cocina.

PARA 4 PERSONAS

4 filetes de cerdo o de ternera para freír
4 cucharadas de rábano rusticano fresco recién rallado
Sal
Pimienta
2 huevos
100 g de harina
100 g de pan rallado
100 g de mantequilla clarificada

Tiempo de preparación:
unos 15 minutos (más el tiempo de cocción)
Por ración, aprox.:
571 kcal/2391 kJ
40 g P, 30 g G, 18 g HC

Salmón al sésamo
CON CHAMPIÑONES

Lave el salmón, séquelo con un paño y córtelo en tiras gruesas. Úntelo con la salsa de pescado y déjelo marinar unos 10 minutos. Limpie los champiñones y córtelos en láminas. Limpie las espinacas, lávelas y sacúdalas para secarlas. Caliente los aceites en el wok y saltee los champiñones a fuego vivo un instante; añada las espinacas y deje que se ablanden.

Retire el contenido a un lado del wok y eche el salmón en el medio. Espolvoréelo con el sésamo y saltéelo con atención: al darle vueltas, tenga cuidado de que no se rompa. Mezcle cuidadosamente la guarnición con el salmón y aderece el plato con el *sambal oelek*.

PARA 4 PERSONAS

500 g de filete de salmón

4 cucharadas de salsa de pescado

200 g de champiñones

400 g de espinacas frescas

2 cucharadas de aceite vegetal

2 cucharadas de aceite de sésamo

1 cucharada de semillas de sésamo

1 cucharadita de *sambal oelek*

Tiempo de preparación:
unos 30 minutos
Por ración, aprox.:
399 kcal/1671 kJ
30 g P, 37 g G, 1 g HC

Pasta con espárragos
Y SALSA DE ATÚN

PARA 4 PERSONAS

1 lata de atún al natural

500 g de espárragos trigueros

1 guindilla roja fresca

1 pimiento amarillo

1 diente de ajo

400 g de pasta (por ejemplo, plumas)

Sal

3 cucharadas de aceite de oliva

150 ml de caldo de verduras

200 ml de nata

Pimienta

Jengibre en polvo

Escurra el atún en un colador. Lave los espárragos, deseche el extremo inferior y córtelos en trozos de unos 3 cm. Lave la guindilla, despepítela y córtela en rodajitas. Parta el pimiento por la mitad, límpielo, lávelo y córtelo en tiras finas. Pele el ajo y píquelo fino.

Cueza la pasta al dente en abundante agua con sal siguiendo las indicaciones del envase. Escúrrala y resérvela en el escurridor.

Caliente el aceite a fuego medio en una sartén y sofría el ajo unos 2 o 3 minutos sin dejar de remover. Agregue el pimiento y los trozos de espárrago y saltéelos unos minutos. Vierta el caldo y cuézalo a fuego lento entre 5 y 8 minutos. Desmenuce el atún con un tenedor e incorpórelo a la salsa. Vierta la nata y déjela cocer a fuego lento un rato más. Sazónela con sal, pimienta y jengibre, y añada la guindilla.

Reparta la pasta entre los platos y, a continuación, la salsa por encima. Si lo desea, acabe de adornar los platos con hierbas frescas.

Tiempo de preparación:
unos 30 minutos
Por ración, aprox.:
409 kcal/1712 kJ
20 g P, 28 g G, 19 g HC

LOS PREFERIDOS DE LOS NIÑOS

Torrijas con frutos del bosque

Kaiserschmarrn con pasas

Tortilla rellena de carne

Albóndigas con trigo

Pescado rebozado

Rollitos de gamba y salmón

Buñuelos de polenta

Pizza de patata al pesto

Sándwiches tiernos con salsa para mojar

Strammer Max clásico

Pollo rebozado con palomitas

Espaguetis gratinados

Creps de brócoli muy sabrosas

Torrijas
CON FRUTOS DEL BOSQUE

Seleccione las bayas más bonitas, límpielas, lávelas y escúrralas bien. En un bol, mézclelas con 2 cucharadas de azúcar.

Corte los panecillos en rebanadas finas y dispóngalas en un plato llano. En un bol, mezcle la leche con los huevos, 1 cucharada de azúcar y la sal. Remueva bien y vierta la mezcla sobre el pan. Déjelo en remojo unos 10 minutos. Saque las rebanadas de la leche y déjelas escurrir. A continuación, rebócelas en el pan rallado.

Caliente la mantequilla clarificada en una sartén y fría las torrijas por los dos lados hasta que se doren. Cuando estén hechas, espolvoréelas con la canela y el azúcar restante. Sírvalas con los frutos del bosque marinados.

PARA 4 PERSONAS

500 g de arándanos, moras o frambuesas frescas
70 g de azúcar
4 panecillos del día anterior
300 ml de leche
2 huevos
1 pizca de sal
6 cucharadas de pan rallado
3 cucharadas de mantequilla clarificada
¼ de cucharadita de canela

Tiempo de preparación:
unos 30 minutos
Por ración, aprox.:
460 kcal/1926 kJ
14 g P, 14 g G, 64 g HC

Kaiserschmarrn
CON PASAS

PARA 4 PERSONAS

4 huevos frescos

4 cucharadas de azúcar

1 sobre de azúcar avainillado

Sal

100 g de harina de trigo

200 ml de leche

50 g de pasas

70 g de mantequilla

50 g de almendra en bastoncillos

Azúcar glas, para espolvorear

Separe los huevos en yemas y claras. Monte las claras a punto de nieve incorporando poco a poco 2 cucharadas de azúcar. Bata las yemas con el azúcar restante, el azúcar avainillado y una pizca de sal hasta obtener una crema muy lisa.

Agregue muy poco a poco a la crema la harina y la leche, y a continuación añada las pasas. Por último, incorpore cuidadosamente las claras montadas.

Derrita la mitad de la mantequilla en una sartén antiadherente grande. Vierta la pasta y dórela por abajo a fuego medio.

Con dos tenedores, desmenuce el *Kaiserschmarrn* en la sartén. Añada la mantequilla restante en copos y los bastoncillos de almendra, y termine de cocerlo hasta que todos los trozos estén dorados.

Reparta el *Kaiserschmarrn* entre los platos y espolvoréelo con azúcar glas. Sírvalo enseguida.

Tiempo de preparación:
unos 15 minutos (más el tiempo de cocción)
Por ración, aprox.:
480 kcal/2010 kJ
15 g P, 30 g G, 33 g HC

→ SUGERENCIA

Puede sustituir las pasas por manzana pelada y cortada en daditos. Antes de añadirla, rocíe la manzana con zumo de limón para que no se oxide.

Tortilla
RELLENA DE CARNE

Parta los pimientos por la mitad, límpielos, lávelos y córtelos en daditos. Caliente 4 cucharadas de aceite en una sartén y fría la carne picada con el pimiento a fuego vivo unos 6 minutos. Sazónelo con sal y pimienta, agregue el yogur y, cuando hierva, apártelo del fuego y manténgalo caliente.

Bata los huevos y aderécelos con la sal y el cilantro molido. Caliente otra sartén y úntela con 1 cucharada de aceite. Vierta ¼ del huevo para obtener una tortilla fina. Haga de igual modo las 4 tortillas, póngalas en los platos y sírvalas con el relleno de carne.

PARA 4 PERSONAS

4 pimientos rojos

8 cucharadas de aceite vegetal

400 g de carne de vacuno picada

Sal

Pimienta

200 g de yogur natural (3,8% de materia grasa)

8 huevos

½ cucharadita de cilantro molido

→ SUGERENCIA

Pruebe la tortilla con relleno vegetariano: caliente 1 cucharada de aceite en una sartén y sofría 1 cebolla picada. Agregue 300 g de champiñones en láminas y rehóguelos hasta que estén dorados. Por último, añada unos 150 g de queso fresco a las hierbas y acabe de sazonar el relleno con sal y pimienta.

Tiempo de preparación: unos 30 minutos
Por ración, aprox.:
611 kcal/2558 kJ
38 g P, 47 g G, 8 g HC

Albóndigas
CON TRIGO

PARA 4 PERSONAS

250 g de trigo tierno precocinado
Sal
1 cucharada de mantequilla
2 dientes de ajo
4 cucharadas de aceite de oliva
500 g de tomate triturado de lata
Pimienta
1 pizca de azúcar
2 cucharaditas de semillas
  de hinojo
600 g de carne de ternera picada
  gruesa
100 g de parmesano rallado

Precaliente el horno a 70 °C. Cueza el trigo en abundante agua con sal siguiendo las indicaciones del envase. Escúrralo, póngalo en una fuente, mézclelo con la mantequilla y resérvelo caliente en el horno.

Pele los ajos y píquelos. Caliente el aceite en una cazuela, sofría un poco el ajo y añada el tomate. Sazone con sal y pimienta, agregue el azúcar y 1 cucharadita de semillas de hinojo, tápelo y cuézalo a fuego vivo unos 10 minutos. Baje el fuego.

Mezcle bien la carne con el hinojo restante y un poco de sal, humedézcase las manos y forme unas 20 albóndigas. Agréguelas a la salsa de tomate y cuézalas de 5 a 7 minutos. Añada el trigo y sirva el plato enseguida con un poco de parmesano espolvoreado por encima.

Tiempo de preparación:
unos 30 minutos
Por ración, aprox.:
585 kcal/2449 kJ
23 g P, 48 g G, 14 g HC

Pescado
REBOZADO

PARA 4 PERSONAS

2 huevos

3 cucharadas de harina

300 g de pan rallado

600 g de pescado blanco
   consistente

Sal

Pimienta

2 cucharadas de salsa de soja

10 cucharadas de aceite de girasol

Bata los huevos en un bol. Ponga la harina en un plato y el pan rallado en otro.

Lave el pescado, séquelo con un paño, quítele las últimas espinas si fuera necesario y córtelo en pedazos del tamaño de un bocado. Sazónelo con sal, pimienta y la salsa de soja.

Reboce los trozos de pescado pasándolos primero por la harina, luego por el huevo y por último por el pan rallado. Caliente el aceite en una sartén antiadherente y fría el pescado por los dos lados hasta que se dore. Sáquelo de la sartén y déjelo escurrir en papel de cocina. Si lo desea, sirva el pescado con una salsa *rémoulade* para mojar.

Tiempo de preparación:
unos 20 minutos
Por ración, aprox.:
460 kcal/1926 kJ
14 g P, 18 g G, 58 g HC

Rollitos
DE GAMBA Y SALMÓN

Precaliente el horno a 180 °C. Lave las espinacas, centrifúguelas y desmenúcelas un poco. Lave el cilantro, sacúdalo para secarlo y arranque las hojas. Pele la cebolla y córtela en rodajas finas. Limpie la cebolleta, lávela, séquela y córtela en rodajitas. Mézclelo todo en una fuente.

Quíteles a las gambas el hilo intestinal y aclárelas bajo el chorro de agua fría. Séquelas y salpimiéntelas. Caliente el aceite en una sartén y fría las gambas unos 8 minutos, hasta que estén hechas. Desmenuce un poco el salmón. Pele los aguacates, pártalos por la mitad, deshuéselos y córtelos en tiras. Rocíe enseguida el aguacate con el zumo de limón.

Caliente las tortillas en el horno unos 5 minutos. Sáquelas y úntelas con el queso fresco dejando un margen.

Reparta el salmón entre las tortillas y agregue la mezcla de espinacas, cilantro y cebolla. Añada las gambas y el aguacate. Por último, rocíe el relleno de cada rollito con 1 cucharada de salsa de chile. Enróllelos. Si lo desea, córtelos por la mitad y sujételos con un palillo. Sírvalos enseguida.

PARA 4 PERSONAS

50 g de espinacas tiernas
½ manojo de cilantro
1 cebolla roja
1 cebolleta
150 g de gambas peladas
Sal
Pimienta
2 cucharadas de aceite
200 g de salmón ahumado
2 aguacates maduros
2 cucharadas de zumo de limón
4 tortillas de trigo
120 g de queso fresco
4 cucharadas de salsa de chile dulce

Tiempo de preparación:
unos 30 minutos
Por ración, aprox.:
530 kcal/2219 kJ
20 g P, 37 g G, 30 g HC

Buñuelos
DE POLENTA

PARA 4 PERSONAS

50 g de maíz fresco (o congelado, o de lata)

125 g de polenta

75 g de harina

1 cucharadita de levadura química

½ cucharadita de bicarbonato

50 g de cheddar

2 cebolletas

Sal

Pimienta

Guindilla molida

1 huevo

125 ml de suero de mantequilla

500 ml de aceite para freír

Si el maíz es fresco, lávelo y déjelo escurrir; si es de lata, aclárelo y escúrralo; si es congelado, descongélelo. Mezcle en una fuente la polenta con la harina, la levadura, el bicarbonato y el maíz.

Ralle el cheddar. Limpie las cebolletas, lávelas, séquelas y corte las partes blancas y verdes claras en rodajitas muy finas. Mezcle el queso y la cebolleta con la polenta, y aderece con sal, pimienta y guindilla.

Bata el huevo con el suero de mantequilla e incorpórelo a la mezcla. Remueva solo lo justo hasta que todo esté mezclado.

Caliente bien el aceite: estará listo cuando, al introducir un palillo, se formen burbujitas (180 °C). Forme los buñuelos ayudándose de dos cucharas; deberían salir unos 12. Fríalos en el aceite unos 3 minutos, hasta que se doren. Sáquelos con la espumadera y resérvelos escurriéndose en papel de cocina. Acabe de sazonarlos con un poco de sal y guindilla, y sírvalos bien calientes.

Tiempo de preparación:
unos 30 minutos
Por ración, aprox.:
440 kcal/1842 kJ
11 g P, 27 g G, 40 g HC

Pizza de patata
AL PESTO

PARA 4 PERSONAS

500 g de tomates
250 g de mozzarella
1 manojo de albahaca
100 g de piñones
3 dientes de ajo
70 g de parmesano
125 ml de aceite de oliva
Sal
8 tortitas de patata (congeladas)

Lave los tomates, deseche la parte dura de la inserción tallo del y córtelos en rodajas. Corte la mozzarella también en rodajas y resérvela escurriéndose en papel de cocina.

Precaliente el horno a 220 °C. Para hacer el pesto, lave la albahaca, sacúdala para secarla y arranque las hojas. Reserve unas cuantas para adornar. Tueste los piñones en una sartén. Pele los ajos y corte el parmesano en daditos. Triture en la batidora la albahaca con los piñones y el ajo hasta obtener una especie de papilla. Agregue el parmesano y el aceite, y tritúrelo todo junto hasta obtener una pasta homogénea. Añada sal al gusto.

Ponga las tortitas de patata en la bandeja del horno, unte cada una de ellas con 1 cucharada de pesto y reparta las rodajas de tomate y de mozzarella por encima. Gratínelas en el horno, a media altura, entre 8 y 10 minutos. Sirva las pizzas adornadas con las hojas de albahaca reservadas.

→ SUGERENCIA

Para hacer tortitas de patata caseras, ralle 400 g de patatas y 1 cebolla. Seque las ralladuras con papel de cocina y mézclalas con 1 huevo batido, nuez moscada, sal y pimienta. Caliente aceite en una sartén y fría porciones de pasta, aplastándolas un poco, de 6 a 8 minutos por cada lado.

Tiempo de preparación:
unos 20 minutos (más el tiempo de cocción)
Por ración, aprox.:
434 kcal/1817 kJ
17 g P, 26 g G, 32 g HC

Sándwiches tiernos
CON SALSA PARA MOJAR

Bata los huevos con la leche. Aderécelo con sal, pimienta y la guindilla. Caliente el aceite y la mantequilla en una sartén.

Reboce las tostadas en la mezcla de huevo y leche hasta que estén empapadas, pero no tanto como para que se rompan. Ponga una loncha de jamón y una de queso encima de 4 rebanadas y cúbralas con las 4 restantes. Fría los sándwiches de dos en dos a fuego medio, unos 5 minutos por cada lado o hasta que se doren. Deles la vuelta solo una vez.

Para hacer la salsa, pique bien los pepinillos. Lave el estragón, sacúdalo para secarlo y pique las hojas; deseche los tallos. Mezcle en un bol el pepinillo y el estragón con la mostaza, el kétchup, la salmuera y el aceite. Remueva bien y añada sal y pimienta al gusto.

Corte los sándwiches en diagonal y sírvalos en los platos con la salsa.

PARA 4 PERSONAS

Para los sándwiches

4 huevos

250 ml de leche

Sal y pimienta

1 pizca de guindilla molida

2 cucharadas de aceite de maíz

20 g de mantequilla

8 rebanadas de pan de molde tostadas

4 lonchas finas de jamón cocido

4 lonchas de gouda tierno

Para la salsa

100 g de pepinillos

3 ramas de estragón fresco

1 cucharada de mostaza a la antigua con miel

1 cucharada de kétchup

7 cucharadas de salmuera de pepinillo

3 cucharadas de aceite de oliva

Sal y pimienta

Tiempo de preparación:
unos 20 minutos (más el tiempo de cocción)
Por ración, aprox.:
430 kcal/1800 kJ
20 g P, 32 g G, 15 g HC

Strammer Max
CLÁSICO

PARA 4 PERSONAS

4 rebanadas de pan de hogaza

40 g de mantequilla

4 lonchas de jamón cocido

2 cucharadas de aceite

4 huevos

Sal

Pimienta

½ manojo de cebollino

2 pepinillos

Unte las rebanadas de pan con la mantequilla y extienda sobre cada una de ellas una loncha de jamón.

Caliente el aceite en una sartén y haga 4 huevos fritos. Salpiméntelos y póngalos cuidadosamente encima del jamón.

Lave el cebollino, sacúdalo para secarlo y córtelo en rodajitas. Corte los pepinillos en rodajas o en láminas. Acabe de adornar los *Strammer Max* con el cebollino y los pepinillos, y sírvalos enseguida.

Tiempo de preparación:
unos 10 minutos
Por ración, aprox.:
350 kcal/1465 kJ
16 g P, 21 g G, 21 g HC

→ SUGERENCIAS

Un huevo perfectamente frito presenta la yema líquida y la clara hecha.

Si lo prefiere, puede sustituir el jamón cocido por beicon crujiente.

Pollo rebozado
CON PALOMITAS

PARA 4 PERSONAS

400 g de filetes pequeños
de pollo

Para el rebozado

100 g de palomitas

2-3 cucharadas de harina

Sal

Pimienta

Curry en polvo

1 huevo

Y también...

Aceite para freír

Aclare el pollo y séquelo con un paño. Si fuera necesario, córtelo en trozos más pequeños.

Para preparar el rebozado, introduzca las palomitas en una bolsa para congelados y ciérrela bien. Pase el rodillo por encima para desmenuzarlas. Ponga las palomitas en un bol. Mezcle en un plato hondo la harina con sal, pimienta y curry. Bata el huevo en otro recipiente.

Reboce los trozos de pollo pasándolos primero por la harina, luego por el huevo y finalmente por las palomitas; presione un poco para que no se desprendan enseguida.

Caliente el aceite en una sartén honda y fría el pollo unos 2 minutos. Déjelo escurrir en papel de cocina antes de servirlo.

Tiempo de preparación:
unos 30 minutos
Por ración, aprox.:
360 kcal/1480 kJ
26 g P, 18 g G, 22 g HC

Espaguetis
GRATINADOS

PARA 4 PERSONAS

400 g de espaguetis
Sal
4 huevos
180 ml de nata
6 lonchas de jamón serrano
2 cucharadas de perejil recién
    picado
80 g de parmesano recién rallado
Pimienta
30 g de mantequilla
Mantequilla, para untar

Cueza la pasta al dente en abundante agua con sal siguiendo las indicaciones del envase. Unte con un poco de mantequilla ablandada una fuente para el horno de 23 cm de diámetro. Precaliente el gratinador del horno a temperatura media.

En un bol, bata los nuevos con la nata. Corte el jamón en trocitos e incorpórelo. Agregue el perejil, reserve 3 cucharadas de parmesano y añada el resto. Salpimiente.

Escurra los espaguetis, y devuélvalos a la olla.

Vierta la mezcla de huevo sobre la pasta, añada la mantequilla y, a fuego muy lento, mézclelo todo a lo sumo 1 minuto, hasta que la salsa se espese un poco. No lo caliente demasiado para que no cuaje el huevo; la consistencia debe ser cremosa y húmeda.

Vierta la pasta en la fuente y esparza por encima el parmesano restante. Gratínela en el horno hasta que esté dorada y la salsa empiece a cuajar.

Tiempo de preparación:
unos 30 minutos
Por ración, aprox.:
645 kcal/2700 kJ
25 g P, 40 g G, 45 g HC

Creps de brócoli
MUY SABROSAS

Mezcle la harina con la miel, 1 pizca de sal y los huevos. Agregue poco a poco el aceite, la leche y 125 ml de agua, y trabájelo hasta obtener una pasta lisa. Déjela reposar unos 15 minutos.

Limpie el brócoli, lávelo y sepárelo en ramitos. Escáldelos en agua con sal unos 5 minutos. Escúrralos bien.

Caliente un poco de mantequilla en una sartén y vaya haciendo con la pasta 8 creps, una tras otra. Manténgalas calientes.

Mezcle la nata y el queso con el brócoli, y sírvalo con las creps.

PARA 4 PERSONAS

125 g de harina de trigo

3 cucharadas de miel

Sal

3 huevos

1 cucharada de aceite de nuez

250 ml de leche

600 g de brócoli

2 cucharadas de mantequilla

3 cucharadas de nata fresca

50 g de queso fresco

Tiempo de preparación:
unos 30 minutos
Por ración, aprox.:
155 kcal/649 kJ
8 g P, 5 g G, 15 g HC

PASTELES Y POSTRES RÁPIDOS

Yogur con bayas
Y FRUTOS SECOS

Pique bien las nueces de Macadamia y los anacardos. Lave cuidadosamente los frutos del bosque y séquelos, o bien descongélelos.

Reparta el yogur entre 4 vasitos o cuencos de postre. Si lo desea, endúlcelo con sirope de agave. Reparta las bayas y los frutos secos por encima del yogur.

PARA 4 PERSONAS

2 cucharadas de nueces de Macadamia

2 cucharadas de anacardos

300 g de frutos del bosque frescos, según temporada y disponibilidad, por ejemplo, moras, arándanos o frambuesas (o bien congelados)

800 g de yogur natural (3,5% de materia grasa)

1 cucharada de sirope de agave, o al gusto

→ ¿SABÍA QUE...?

Los frutos del bosque son ricos en antioxidantes, que protegen las células del cuerpo de los radicales libres. Estos últimos son causantes de distintas enfermedades, desde la hipertensión hasta el cáncer.

Tiempo de preparación:
unos 15 minutos
Por ración, aprox.:
240 kcal/1005 kJ
10 g P, 14 g G, 16 g HC

Gachas de espelta
CON ARÁNDANOS

PARA 4 PERSONAS

800 ml de leche de coco sin
  azúcar
6 cucharadas de sémola
  de espelta
200 g de arándanos
2 cucharadas de sirope de agave,
  o al gusto
2 cucharadas de coco rallado

Caliente la leche de coco en una cazuela. Cuando hierva, eche la sémola, baje el fuego y cueza las gachas unos 5 minutos. Apártelas del fuego, tápelas y déjelas reposar unos 10 minutos.

Lave los arándanos con cuidado y séquelos con papel de cocina. Reparta las gachas en 4 cuencos y, si lo desea, endúlcelas con sirope de agave. Sírvalas con los arándanos y con el coco rallado espolvoreado por encima.

Tiempo de preparación:
unos 15 minutos
Por ración, aprox.:
120 kcal/502 kJ
3 g P, 3 g G, 20 g HC

→ SUGERENCIA

Modifique el postre a su gusto con todo tipo de frutas. Al escogerlas, tenga en cuenta su acidez y endulce un poco más el postre si fuera necesario.

Crema de pistacho

PARA 4 PERSONAS

150 g de pistachos pelados

1 lata de leche condensada

3 cucharadas de maicena

Pistachos, piñones y avellanas
   picadas, para espolvorear

Tueste los pistachos bajo el gratinador del horno unos 2 minutos. No deje que se doren; deberían conservar su color verde.

Pique un poco los pistachos con la batidora, agregue la leche condensada, el triple de cantidad de agua y la maicena, y bátalo a la máxima potencia. Viértalo en una cazuela.

Lleve la crema a ebullición sin dejar de remover. A continuación, baje el fuego y cuézala hasta que se espese. Reparta la crema entre 4 cuencos, adórnela con pistachos, piñones o avellanas picados, y sírvala caliente.

Tiempo de preparación:
unos 10 minutos (más el tiempo de cocción)
Por ración, aprox.:
346 kcal/1449 kJ
3 g P, 33 g G, 16 g HC

→ SUGERENCIA

Este postre puede hacerse con nata en lugar de leche condensada. Si no hay niños entre los comensales, puede refinarse con un chorrito de Amaretto (licor de almendras) o con aguardiente de cereza.

Gachas frías
CON FRUTOS DEL BOSQUE

Lave los frutos del bosque y deseche los que vea feos. Reserve unos cuantos para adornar. Chafe el resto con un tenedor.

Agregue el zumo de limón, el azúcar avainillado y el normal, remueva bien y déjelo reposar un rato.

Reparta un tercio del puré entre 4 platos soperos. Mezcle el resto con el suero de mantequilla.

Incorpore los copos de avena, remueva bien y vierta las gachas en los platos. Espolvoréelas con la avellana molida y acabe de adornarlas con las frutas reservadas.

PARA 4 PERSONAS

500 g de frutos del bosque variados (frambuesas, moras, grosellas, arándanos...)

3 cucharadas de zumo de limón

1 sobre de azúcar avainillado

75 g de azúcar

500 ml de suero de mantequilla

4 cucharadas de copos de avena instantáneos

2 cucharadas de avellana molida

→ SUGERENCIA

Los copos de avena son un alimento muy rico que se produce aplastando avena en grano. El proceso permite obtener copos de avena de diferente tamaño y dureza. Los copos de avena instantáneos suelen usarse para hacer papillas, gachas y platos similares, que se preparan fácilmente con la simple adición de un líquido. Los copos de avena más gruesos quedan consistentes en líquidos como la leche o los zumos, de ahí que se presten muy bien para mueslis. En cualquier caso, la avena no debería faltar en la alimentación diaria, porque contiene proteínas de alta calidad biológica y una alta proporción de ácidos grasos insaturados, además de vitaminas, minerales y fibra.

Tiempo de preparación:
unos 20 minutos
Por ración, aprox.:
259 kcal/1084 kJ
7 g P, 5 g G, 40 g HC

Patatas de piña
CON KÉTCHUP DE FRAMBUESA

PARA 4 PERSONAS

1 piña

200 g de fresas o frambuesas

1 cucharada de zumo de limón

2 cucharadas de azúcar glas

Pele la piña y córtela toda, incluso el troncho, en bastones del tamaño de patatas fritas.

Lave los frutos rojos, séquelos y quíteles el rabito si fuera necesario. Tritúrelos con el zumo de limón y el azúcar glas.

Sirva las «patatas fritas» con el kétchup de fruta para mojar.

Tiempo de preparación:
unos 15 minutos
Por ración, aprox.:
120 kcal/502 kJ
1 g P, 0 g G, 25 g HC

→ SUGERENCIA

Para quien no quiera renunciar a la «mayonesa», el yogur natural o el de vainilla harán un perfecto efecto junto al kétchup de frambuesa.

Plátano frito
CON MIEL

PARA 4 PERSONAS

100 g de harina

125 ml de leche de coco sin
  azúcar

1 cucharadita de levadura química

Sal

1 cucharada de azúcar

2 cucharadas de semillas
  de sésamo

3 cucharadas de miel

4 plátanos

Aceite para freír

Mezcle la harina con la leche de coco, 100 ml de agua, la levadura,
1 pizca de sal y el azúcar hasta obtener una pasta espesa.

Tueste el sésamo en una sartén. Ponga la miel en un vaso
y caliéntela al baño maría.

Caliente aceite en el wok hasta que alcance los 180 °C. Pele los
plátanos, córtelos al bies en trozos de 2 o 3 cm y rebócelos en la
pasta. Deje que caiga el exceso y fríalos en el aceite hasta que se
doren. Vaya reservándolos calientes mientras termina de freírlos
todos.

Sirva el plátano frito ensartado en palillos, rociado con la miel
y espolvoreado con el sésamo.

Tiempo de preparación:
unos 25 minutos
Por ración, aprox.:
335 kcal/1403 kJ
7 g P, 5 g G, 62 g HC

Suflé
DE LIMÓN

PARA 4 PERSONAS

2 limones de cultivo ecológico

60 g de harina

250 ml de leche

80 g de azúcar

1 cucharada de mantequilla

4 huevos

Aceite o mantequilla, para untar

Azúcar glas, para espolvorear

Corte la piel de los limones en tiras muy finas y luego exprímalos. Mezcle en una cazuela la harina con la leche hasta obtener una pasta sin grumos. Agregue 40 g de azúcar y la mantequilla, y caliéntelo. Deje que la pasta se espese sin dejar de remover.

Separe los huevos en yemas y claras. Mezcle bien las yemas con el zumo de limón y las tiritas de piel. Agréguelas a la pasta y déjela enfriar. Precaliente el horno a 190 °C. Unte 4 moldes para suflé con aceite o mantequilla.

Bata las claras con el resto del azúcar hasta que estén esponjosas y, cuando la crema de limón esté fría del todo, incorpórelas con cuidado. Reparta la preparación entre los moldes y cueza los suflés unos 15 minutos en la parte baja del horno, sin abrir la puerta en ningún momento. Sirva los suflés espolvoreados con azúcar glas.

Tiempo de preparación:
unos 20 minutos (más el tiempo de cocción)
Por ración, aprox.:
357 kcal/1495 kJ
11 g P, 18 g G, 36 g HC

Gofres de mazapán
CON NATA

En primer lugar, monte la nata. Mezcle las semillas de amapola con el azúcar e incorpórelo a la nata. Agregue la ralladura de naranja y resérvela en frío hasta el momento de servir.

Para hacer los gofres, corte el mazapán en trocitos y póngalo en un bol. Mézclelo con la mantequilla ablandada hasta obtener una pasta lisa. Agregue el azúcar y la ralladura de naranja, y remueva hasta que no haya grumos. Mezcle la harina con la levadura e incorpórela poco a poco. Incorpore asimismo la nata.

Ponga 2 cucharadas de la pasta en la gofrera bien caliente untada con aceite. Cuando los gofres estén dorados, sáquelos y sírvalos con la nata con semillas de amapola fría.

PARA 4 PERSONAS

Para la nata

400 ml de nata líquida

2 cucharadas de semillas de amapola

2 cucharadas de azúcar

La ralladura de 1 naranja de cultivo ecológico

Para los gofres

100 g de mazapán crudo

150 g de mantequilla

150 g de azúcar extrafino

La ralladura de 1 naranja de cultivo ecológico

3 huevos

250 g de harina de trigo

2 cucharaditas de levadura química

100 ml de nata

Tiempo de preparación: unos 30 minutos
Por ración, aprox.:
1085 kcal/4543 kJ
16 g P, 82 g G, 82 g HC

Pastelillos de queso
EN SU TARRO

Precaliente el horno a 175 °C. Unte con mantequilla 4 tarros de conserva (de unos 435 ml) y espolvoréelos con harina. Mezcle en un bol el quark con el queso fresco y el zumo de limón, y remueva hasta obtener una pasta lisa. Bata la mantequilla con el azúcar, el azúcar avainillado y 1 pizca de sal hasta que esté esponjosa. Agregue la pasta de queso.

Incorpore los huevos de uno en uno, removiendo bien. Tamice el preparado para natillas y la maicena encima de la pasta e incorpórelos. Reparta la mitad de la pasta entre los 4 tarros. Desmenuce los bizcochos por encima y reparta el resto de la pasta. Hornee los pastelillos unos 40 minutos. Saque los tarros del horno y ciérrelos enseguida con las tapas previamente esterilizadas en agua hirviendo. Déjelos enfriar.

PARA 4 PERSONAS

500 g de quark

250 g de queso fresco (60% de materia grasa)

1 cucharada de zumo de limón

125 g de mantequilla

100 g de azúcar

2 sobres de azúcar avainillado

Sal

3 huevos

1 sobre de preparado para natillas

3 cucharadas de maicena

250 g bizcochos de soletilla

Mantequilla y harina, para preparar los tarros

Tiempo de preparación:
unos 25 minutos (más el tiempo de cocción)
Por porción, aprox.:
1050 kcal/4390 kJ
37 g P, 55 g G, 101 g HC

→ SUGERENCIA

Estos tarritos de pastel se conservan hasta 3 meses en el frigorífico.

Tarta de pera
AL ROMERO

PARA 8 PORCIONES

1 rama de romero

400 g de peras

4 cucharadas de azúcar glas

2 cucharadas de aceite

85 g de piñones

1 paquete de masa de hojaldre
fresca (para un molde de 32 cm
de diámetro)

Precaliente el horno a 220 °C. Aclare el romero y séquelo. Arranque las hojas, reserve 1 cucharadita y pique el resto.

Lave las peras, séquelas, pártalas por la mitad y descorazónelas. Pélelas y córtelas en dos o tres trozos.

Caramelice el azúcar glas en una sartén que pueda ir al horno hasta que esté dorado. Añada las peras, el romero picado, el aceite y los piñones, y vaya removiendo y bañando todos los ingredientes con el caramelo. Aparte la sartén del fuego.

Desenrolle el hojaldre y cubra con él el contenido de la sartén, hundiendo los bordes hasta la base. Cueza la tarta en el horno de 20 a 25 minutos.

Saque la tarta del horno y déjela enfriar un momento. Con cuidado, dele la vuelta en una fuente redonda. Esparza las hojas de romero por encima y sírvala caliente o fría, con nata.

Tiempo de preparación:
unos 25 minutos (más el tiempo
de cocción)
Por porción, aprox.:
239 kcal/1001 kJ
4 g P, 18 g G, 16 g HC

Clafoutis
DE GUINDAS

Precaliente el horno a 190 °C. Unte un molde para tartas con mantequilla. Bata los huevos en un bol y añada la leche, la sal, el azúcar normal, el avainillado y la harina. Bátalo con la batidora.

Escurra bien las guindas, extiéndalas en el fondo del molde y vierta la crema de huevo por encima. Hornee el *clafoutis* unos 40 minutos a media altura, hasta que la crema haya cuajado y esté dorada.

PARA 8 PORCIONES

4 huevos
250 ml de leche
1 pizca de sal
90 g de azúcar
1 sobre de azúcar avainillado
100 g de harina con levadura
1 tarro de guindas en almíbar
   (unos 350 g)
Mantequilla, para untar

→ VARIACIONES

Si desea servir el *clafoutis* como postre, prepárelo en moldes individuales para tartaleta untados con mantequilla. Espolvoreando 3 cucharadas de almendra molida por encima de las cerezas, le dará un toque delicioso a la tarta. Y puede sustituir las guindas en almíbar por guindas o cerezas frescas. Tenga en cuenta que, tradicionalmente, las cerezas no se deshuesan.

Tiempo de preparación:
unos 15 minutos (más el tiempo de cocción)
Por porción, aprox.:
190 kcal/810 kJ
6 g P, 4 g G, 32 g HC

Pastel de queso y nata
SIN COCCIÓN

Derrita la mantequilla en una sartén y apártela del fuego. Meta los bizcochos en una bolsa para congelados, ciérrela y pase el rodillo por encima para desmenuzarlos. Trabajando con las manos, mezcle las migas con la mantequilla líquida. Extienda dos tercios de la preparación en la base de un molde desmontable de 26 cm de diámetro, presionando para que la base del pastel quede consistente.

Disuelva la gelatina en un cazo con 175 ml de agua fría y déjela reposar 10 minutos. A continuación, caliéntela suavemente sin que llegue a hervir. Aparte la gelatina del fuego y déjela enfriar un poco. En un bol, mezcle con la batidora el queso fresco con el azúcar y el zumo de limón. Incorpore 2 cucharadas del queso a la gelatina, y luego vierta la mezcla en el bol del queso y remueva bien.

Monte la nata con el azúcar avainillado y el estabilizante, e incorpórela cuidadosamente a la crema de queso. Extiéndala sobre la base del pastel y alísela con una espátula. Esparza las migas restantes por encima y meta el pastel en el frigorífico. Espere al menos 30 minutos antes de servirlo. Cuando vaya a hacerlo, desmóldelo con cuidado, ayudándose de un cuchillo para desprender los bordes.

PARA 12 PORCIONES

Para la base

100 g de mantequilla

200 g de bizcochos de soletilla

Para la crema

1 sobre de gelatina al limón

250 g de queso fresco

6 cucharadas de azúcar

El zumo de ½ limón

400 ml de nata

2 sobres de azúcar avainillado

2 sobres de estabilizante para nata

Tiempo de preparación:
unos 25 minutos (más el tiempo de enfriamiento)
Por porción, aprox.:
340 kcal/1420 kJ
5 g P, 26 g G, 21 g HC

ÍNDICE DE RECETAS